RÉFLEXIONS NOUVELLES

SUR LA GRAVURE;

Par M. QUATREMÈRE DE QUINCY.

J'AI promis à ceux qui ne seroient pas contens de l'analyse que j'ai faite de la gravure, des développemens nouveaux sur cet objet. On les a provoqués, il est juste que je tienne parole.

J'observe d'abord à ceux que mon opinion semble avoir révoltés, qu'ils ne l'ont considérée que partiellement; & qu'en isolant ce résultat des principes que je crus devoir poser en tête de mon premier écrit, ils doivent peut être se reprocher à eux-mêmes l'interprétation qu'ils ont donnée à mes paroles.

J'ai dit dans l'Introduction des Considérations sur les arts du dessin : *Trois arts seuls ont droit à cette dénomination, la peinture, la sculpture & l'architecture. Ces trois arts ont des dérivations, mais qui ne sauroient constituer des arts à part. Ainsi ce seroit par abus & par une suite de l'ignorance des notions élémentaires des arts, qu'on feroit un art distinct de la gravure. La gravure n'est qu'un mode de peinture ; la différence d'agens & de procédés ne constitue pas un art. Autant vaudroit dire que la gravure en pierre dure n'est pas de la sculpture, parce qu'elle emploie le tour au lieu du ciseau.*

Voilà bien le texte de tout ce que j'ai dit

A

depuis fur la gravure. Ce n'étoit pas fans objet que je pofois ce principe à la tête d'un écrit dans lequel je comptois pofer fur les bafes d'une théorie fenfible, le développement - pratique d'un fyftême d'enfeignement. Avant de créer un enfeignement, il faut connoître les befoins de l'enfeignement ; il faut, comme je l'ai dit depuis, faire des places pour fes befoins, & non pas créer des befoins pour le plaifir de fonder des places. L'analyfe de chaque art, de fes dérivations, de la correfpondance qu'elles peuvent avoir, eft donc la première chofe à faire pour éviter à l'Etat des dépenfes inutiles, à une machine des rouages qui l'embarrafferoient, à l'inftruction publique des doubles emplois.

Pour moi, bien perfuadé que toutes les études générales d'un graveur font renfermées dans les études d'un peintre ; bien convaincu auffi que chaque art a une partie d'inftruction (la partie technique) qui ne fauroit jamais être de la compétence d'une école publique, & que fur cet objet vingt ans de théorie ne valent pas une heure de leçons expérimentales ; encore plus certain que la partie méchanique de la gravure eft de toutes, celle qui peut le moins fortir de l'enceinte des atteliers particuliers des maîtres, je préférai de réunir la gravure à la peinture, par la force des principes à la portée de tous les efprits, que d'arriver à ce réfultat par les démonftrations minutieufes des détails qui ne font entendus que des Artiftes.

Quelle fut ma furprife de voir qu'une affemblée nombreufe d'artiftes avoit pris tout le contre-pied de cette méthode, avoit inftitué des places d'enseignement public, des prix pour la gravure, & avoit ajouté ce nom au frontispice de son école !

Alors je cherchai à développer par le raisonnement ce que je n'avois fait que poser en principe ; savoir, que la gravure réduite à l'analyse de son essence, de ses procédés & de ses effets, ne constitue point un art distinct qui puisse réclamer un enseignement spécial dans une école publique, & former dans l'empire de l'imitation un territoire indépendant & isolé.

Il me paroît que j'ai été mal compris ; & au lieu que le résultat de mon système, qui ne cherchoit cependant que le vrai, tendoit, selon moi, à relever la gravure, en la faisant rentrer dans le domaine de la peinture, il semble qu'on ait voulu croire que je bannissois la gravure de l'empire des arts.

Il est pourtant bien certain qu'en rapprochant mon développement de mon principe, je n'ai point prétendu déshériter la gravure de son droit à l'art de l'imitation, mais bien la faire entrer en partage avec la peinture. Et pour suivre ma comparaison, trois seuls enfans pourroient prétendre directement à cet héritage : la gravure, plus éloignée d'un degré, a besoin d'y être rappellée par la peinture. Ce n'est donc qu'en s'unissant à celle-ci, dont elle est fille, qu'elle peut revendiquer sa part du patrimoine de l'imitation.

En déclarant que la gravure ne constitue point un art, ce n'est point dire qu'elle rentre dans la classe des métiers. Par *un art*, il est visible que l'on entend un art à part, distinct, susceptible de se classer isolément dans l'ordre de l'imitation. Lorsque je dis que telle teinte ne forme point une couleur, je n'entends pas dire qu'il n'y ait aucune substance colorante dans ce qui frappe mes yeux ; je prétends dire que cette teinte est un composé qui ne forme point une couleur entière. Lorsqu'au moyen du prisme de l'analyse je suis parvenu à décomposer les classes distinctes de l'imitation, il est clair que par le mot *un art*, je ne dois plus entendre que ce qui est susceptible de se soumettre à cette épreuve rigoureuse. Quand je dis à chaque modification de chaque art, vous n'êtes point *un art*, je le lui dis dans la rigueur du langage analytique, & non point dans les convenances habituelles du langage social.

Les artistes savent mieux que d'autres à combien d'emplois on applique le mot d'*art* ; mais comme ils sentent ordinairement plus qu'ils ne raisonnent, ils ont eux-mêmes introduit une telle confusion dans la langue des arts, que les idées ne trouvent pour s'exprimer qu'une perpétuelle amphibologie. Rien n'est plus pénible pour un esprit juste, que d'avoir à écrire sur une matière dont la langue n'est pas encore née.

La gravure donc, ai-je dit, n'est point un art (distinct) ; & voici mon raisonnement.

Ce n'est pas la différence des instrumens qu'emploie l'imitation qui peut constituer des arts différens, autrement il y en auroit autant qu'il y a de sortes d'outils & de procédés. Il faudroit donc faire un art du dessin à la plume, avant d'en faire un du dessin par la pointe ou le burin, qui n'est que le remplacement ou le perfectionnement de celui-là. Qui ne sait que la plume & le lavis produisent, à force de soin

& de patience, des tableaux monochromes si ressemblans à ceux de la gravure, que l'œil s'y trompe, même en les examinant de près ? Qui ne sait aussi que la gravure n'a d'autre avantage sur ces monochromes, que celui de multiplier ses productions ? Si cependant il n'est jamais venu dans la tête de personne d'ériger en art la méthode d'imitation par la plume, je voudrois qu'on m'enseignât par quel raisonnement ou par quel prestige, lorsque la méthode originale d'imitation ne constitue pas un art, le procédé qui n'en est que la copie pourroit en faire un.

Les effets de la gravure, ai-je dit, sont tels qu'ils ne peuvent lui constituer un domaine particulier dans l'empire de l'imitation. Ses tableaux, bornés par le mécanisme même de ses procédés, à des dimensions ordinairement très-inférieures à celles que la peinture peut se permettre, la réduisent à n'être qu'un diminutif de cet art; & sa nature étant essentiellement *monochrome*, elle ne peut même que très-imparfaitement rivaliser avec lui. D'après cela, comment les deux caractères, qui ne la distinguent de la peinture que par le désavantage des effets, pourroient-ils des titres de son infériorité, en faire le privilège d'une imitation distincte & indépendante ?

Quant à son essence, la gravure visiblement n'est qu'un mode de peinture, puisqu'aux couleurs & aux dimensions près, elle est tout ce que peut être la peinture; d'où il suit que le graveur est un peintre en petit & sans couleurs. Invente-t-il & dessine-t-il ses propres compositions sur le cuivre ? c'est un artiste, selon l'acception morale attachée à ce mot. Copie-t-il les inventions d'autrui ? il n'eſt que tout ce que l'on voudra que ſoit un copiſte.

Y a-t-il du talent à copier ; faut-il du ſentiment, de la connoiſſance de la nature pour bien copier ? je ne l'ai jamais nié. Y a-t-il de grandes difficultés dans la méthode de copier par la gravure ? oui ſans doute ; mais il n'y a aucun rapport entre cela & l'état de la queſtion.

M. Gaucher paroît ſe prévaloir de la définition que M. Cochin fait de la gravure. Je lui en demande pardon : mais en renvoyant, comme il le fait, les graveurs dans la claſſe des traducteurs, il eſt viſible qu'il ravale la gravure beaucoup plus qu'il ne croit. Jamais on n'a mis la tâche du traducteur au rang des œuvres du génie. Les mots ne ſignifient plus rien, ou il faut convenir qu'il n'y a pas d'invention dans la traduction d'un poëme. Je ſais toutes les ſubtilités dont on peut ſe faire des argumens dans cette matière comme dans toutes les autres, lorſqu'on laiſſe de côté la bonne-foi du ſens commun. Je n'invoque que celle-là ſur la queſtion dont il s'agit. Pour quiconque l'aura, il ſera clair que mettre les graveurs dans la claſſe des traducteurs, c'eſt leur conteſter tout ce qu'on eſt convenu d'appeller génie ou invention.

Je pouſſerois bien plus loin cette diſcuſſion, ſi je ne la réſervois pour un ouvrage beaucoup plus approfondi ſur tous les arts, & ſi je ne croyois pas que la difficulté entre M. Gaucher & moi, ne vient que d'un mal-entenda. Je ne ſais qui de nous deux doit ſe l'imputer. Au ſurplus, s'il y a eu de l'ambiguité dans mes expreſſions, je deſire qu'il n'en reſte point dans mon opinion.

En finiſſant, je crois devoir avertir ceux qui critiquent les écrits ſur les arts, de ſe donner un peu la peine de les comprendre. Ceci ne s'adreſſe point à M. Gaucher, mais à un graveur anonyme, dont toutes les critiques ne repoſent que ſur des mal-entendus. Je dois croire qu'il n'a pas cherché à m'entendre, ſi toutefois il m'a lu : autrement j'aurois à lui reprocher une perfidie qui, à tout prendre, ne ſeroit que ridicule, tant je ſuis connu pour être à l'abri de ſa plaiſante critique.

L'anonyme me prétend partiſan du pouvoir miniſtériel dans la diſtribution des encouragemens pour les arts, lorſque je ſuis le ſeul qui ait propoſé un plan de répartition excluſif, non-ſeulement d'influence miniſtérielle, mais même d'intrigue & d'eſprit de parti.

Avant de propoſer ce plan, je rapporte & je combats les deux méthodes indiquées par les deux partis de l'académie : je prouve que le jugement par les compétiteurs eux-mêmes ſeroit ſujet à trop de longueur & d'intrigue ; que la diſtribution faite par le Roi, quoiqu'elle pût avoir moins de dangers qu'autrefois, *éprouveroit* (ce ſont mes paroles) *trop de contradictions dans le ſyſtême d'une inſtitution qui exige des titres de mérite à l'abri de toute cenſure, de tout ſoupçon, &c.*

Je propoſe d'inſtituer, en place de ces deux méthodes, un concours, des juges de concours, & une méthode pour trouver des juges déſintéreſſés. Dans le même paragraphe, p. 156 *des Conſidérations ſur les arts du deſſin*, je dis : *Je ramène donc l'application & la diſtribution des encouragemens à cette idée qui doit en ſimplifier le mode comme l'eſprit ; ſavoir, qu'ils doivent devenir*

& être conſtamment le prix d'un concours, &c.

Sans doute, l'anonyme n'a pas été juſqu'au bout de l'article : ſans doute auſſi il n'a pas lu la ſeconde ſuite aux mêmes Conſidérations ſur les arts, dans laquelle ce mode de concours & de jugemens eſt reproduit avec de nouveaux développemens, & dans une aſſez longue ſuite d'articles réglementaires. C'eſt ainſi qu'il me reproche de créer des places permanentes de profeſſeurs, tandis que je les fais toutes amovibles & temporaires.

Si l'anonyme ne juge pas que le maſque ſous lequel il ſe cache convienne au genre de ſes critiques, je le prie de ſe nommer & de me faire tenir ſon adreſſe ; ma ſeule réponſe conſiſtera dans l'envoi que je lui ferai de mes écrits, avec la prière de les lire avant de les attaquer.

BIBLIOTHÈQUE IMPÉRIALE IMPR.

www.ingramcontent.com/pod-product-compliance
Lightning Source LLC
LaVergne TN
LVHW052330060726
842524LV00018B/2906